LYDÉRIC

POEME

Par J.-B. DELETOMBE

Membre correspondant de la Société impériale des Sciences, de l'Agriculture
et des Arts de Lille.

LILLE,

IMPRIMERIE DE L. DANEL.

1868.

LYDÉRIC

LYDÉRIC

POÈME

PAR J.-B. DELETOMBE

Membre correspondant de la Société impériale des Sciences, de l'Agriculture
et des Arts de Lille

LILLE,

IMPRIMÉRIE L. DANEL.

1868.

LYDÉRIC[1]

POÈME

Par J.-B. DELETOMBE

Membre de la Société Impériale des Sciences, de l'Agriculture et des Arts de Lille.

―――――

I.

Victime des fureurs de l'inconstance humaine,
Proscrit par ses sujets, chassé de son domaine,
Persécuté, vaincu, traqué de toute part,
De ses champs bourguignons s'éloignait Saluart,
Qui, brûlant de venger le fief héréditaire,
Allait chercher secours près du roi d'Angleterre.
A sa suite marchaient les fidèles débris
De sa prospérité, comme lui sans abris
Et les jouets du sort : C'étaient des frères d'armes,
Des amis éprouvés aux crises des alarmes,
Quelques parents, rameaux à leur tronc attachés,
Que le vent du malheur n'avait point arrachés ;

[1] Extrait des Mémoires de la Société impériale des Sciences, de l'Agriculture et des Arts de Lille, année 1867, 3e série, IVe volume.

Enfin c'était surtout le lien de son âme,
Son reste de bonheur, Emelgarde, sa femme,
Princesse, qui joignait au plus illustre sang
Et les grâces du sexe et les vertus du rang,
Et dont le chaste sein portait le premier gage
D'un hymen saint et pur, d'un amour sans partage.
Ah! des biens que ravit Saluart au vainqueur,
Ceux-là furent surtout les plus chers à son cœur!
Moins prince, en ses revers, qu'époux tendre et bon père,
Pour eux seuls il rêvait un avenir prospère;
Pour eux seuls, survivant à son sanglant affront,
Contre les coups du sort il redressait le front,
Et trouvait dans son âme, au feu de sa tendresse,
Un foyer dévorant de haine vengeresse.
Jeune, ardent, plein d'amour, confiant en son droit,
Riche encor d'espérance, ainsi vers le détroit
Cheminait Saluart; et touchant au rivage
Tant désiré, déjà de son heureux voyage
Il bénissait le Ciel. Les leudes inhumains,
Les brigands des forêts, les larrons des chemins,
L'impitoyable Franc, ardent à la curée,
Des secrets espions la cabale ignorée,
La fatigue, la faim, les subites terreurs,
L'obscurité des bois et leurs sombres erreurs,
Les cavernes des ours, les loups à l'aventure
Rodant la nuit, au flair devinant leur pâture,
Ils avaient, grâce au Ciel, tout vaincu, tout bravé :
Encore un jour, un seul, et tout était sauvé.
Mais, prince infortuné, que trompe l'espérance,
Et sur qui le destin s'acharne à toute outrance,
Du rivage sauveur il va toucher le bord,
Quand le dernier écueil doit le briser au port!...

II.

Non loin de cette plaine où la Lys sinueuse
Promène avec lenteur son eau majestueuse ;
Au milieu des détours d'une sombre forêt,
Que traverse sans bruit la Deûle au cours discret,
Parmi les hauts taillis et les broussailles sombres ,
Dans la profonde horreur du silence et des ombres ,
Environné d'effrois , comme un antre au creux noir,
Du seigneur de ce lieu le redouté manoir
S'élève menaçant : bâtis de vive roche ,
Des murs épais et hauts en défendent l'approche,
Et des fossés fangeux , aux immenses contours,
D'eau verte et de glayeuls ceignent le pied des tours.
Or, c'est là que Phinart , prince et brigand prospère,
A caché loin du jour son horrible repaire ;
Lieu maudit , où trop sûr de trouver le trépas,
Jamais homme prudent ne hasarde ses pas ;
Là , jamais le bouvier de l'ahriman champêtre
Ne passe avec ses bœufs , nul troupeau n'y va paître ;
Jamais du pauvre serf n'y viennent les enfants ,
Glaner les rameaux secs qu'ont abattus les vents;
Le mendiant jamais , devant ce seuil de pierre ,
N'osa tendre la main ni faire sa prière ,
Et malheur au manant, ignorant du chemin ,
Qui passe aux alentours et tombe sous sa main !
Phinart !... rien n'est sacré pour sa sombre puissance,
Ni les droits du malheur ni ceux de l'innocence.
Phinart , à ce seul nom , le frisson de la peur
Fait dresser les cheveux et frappe de stupeur !
Terreur de ses vassaux , effroi de la contrée,
Face d'ogre , où jamais pitié ne s'est montrée ,

Il règne par le crime , et son front souverain
Ne saurait se courber devant un suzerain.
C'est vers lui cependant, trompé dans sa croyance ,
Que l'errant Saluart marche avec confiance ,
Osant assez compter sur les liens du sang ,
Pour ne redouter rien d'un prince si puissant.
Il s'avance. Déjà l'écho lointain répète
Les chants joyeux , les airs que sonne la trompette,
Mêlés aux cris des camps, au tumulte guerrier ,
Qui font tressaillir l'homme et bondir le coursier.
Des deux parts du chemin la plus pénible est faite ;
Ce jour pour Saluart est un beau jour de fête.
Malheureux qui ne sait dans quels piéges tendus
Ses généreux soldats et lui sont attendus !...
Imprudent voyageur, qui trouble le mystère
De l'antre redoutable où veille la panthère,
Et qui va de lui-même , ignorant de son sort ,
Comme on court au bonheur , se livrer à la mort !

III.

Arrête Saluart... Entends-tu ces murmures ?
Ces cliquetis du fer , ce bruit sourd des armures ?
Arrête... ou plutôt fuis... fuis vite... Il n'est plus temps !..
Lances , angons , poignards , piques , dards éclatants ,
Mille brigands armés , aux visages sinistres ,
Des ordres de Phinart trop dociles ministres ,
Se montrent , et soudain sortis de toute part ,
Ils dressent devant lui leur terrible rempart.
Etonné , Saluart hésite... prend ses armes ,
Vole , ardent défenseur de son épouse en larmes ;

Aux soldats meurtriers, seul, barre le chemin ;
Et déjà de leur sang il a rougi sa main.
A ce premier signal sa phalange intrépide
S'ébranle, et le rejoint d'une course rapide.
En un instant partout s'engage le combat :
On s'élance, on se heurte, on se presse, on s'abat ;
Moins prompt serait l'éclair, moins terrible la foudre ;
Plus d'un guerrier déjà se débat dans la poudre,
Et s'y tord de douleur. A flots rouges le sang
Ruisselle, et sous les pieds rend le terrain glissant.
De cris, de hurlements les forêts retentissent ;
Fatigués à la fin, les bras s'appesantissent ;
Des deux côtés, les rangs qui se pressaient nombreux,
N'offrent plus aux regards que des vides affreux,
Et seule, en ses accès, l'ivresse du carnage
Semble des combattants soutenir le courage.
Cependant sans pâlir, le chef des Bourguignons
Voit rouler à ses pieds ses plus chers compagnons.
Non moins brave au combat que grand dans l'infortune,
Ou, peut-être, lassé d'une vie importune,
S'il n'avait seulement qu'à défendre ses jours,
Et non le tendre objet de ses chères amours,
Géant, dont le danger grandit encor la taille,
Seul, il semble partout suffire à la bataille.
Sous son glaive, qui tourne en un cercle de mort,
Tombe tout ennemi sur le gazon qu'il mord.
Son front fume ; sa main, jusqu'au coude trempée,
Se baigne dans le sang et colle à son épée.
L'épouvante est partout... Devant son bras vainqueur
Les plus déterminés sentent faillir leur cœur.
Courage, Saluart ! Achève leur defaite.
Victoire !... les voilà qui battent en retraite.

Mais honte et lâcheté ! Débusquant à l'écart,
Des taillis, des buissons, les gardes de Phinart
S'élancent tout-à-coup ; lui-même est à leur tête,
Excitant de la voix la troupe qui s'arrête,
Indécise, et qui sent son courage assassin
Faiblir, cent contre un seul, cent glaives contre un sein !
Comme un lion blessé, qu'un cercle de fer presse,
Voyant partout la mort, se bat les flancs, se dresse,
Promène autour de lui des regards enflammés,
Cherchant une victime au sein des rangs armés...
Son œil de feu la trouve, et d'un bond sur sa proie,
Il la couche sous lui, la déchire, la broie.
Sa gueule fait voler, sous ses crocs dégouttants,
Des lambeaux déchirés, des membres palpitants ;
Autour de lui se creuse un effroyable vide ;
Tout cède aux premiers coups de sa griffe homicide ;
Mais le nombre l'emporte, et le noble animal,
Percé de tous côtés, reçoit le coup fatal,
Et sur un lit de mort, avec gloire succombe...
Ainsi meurt Saluart, ainsi le héros tombe !..
Comme lui, de ses preux aucun n'a survécu :
Qui meurt de ce trépas n'a pas été vaincu.

IV.

Cependant à l'aspect de la lutte sanglante,
Du milieu des blessés et des mourants, tremblante,
Emelgarde bondit, pauvre biche aux abois,
Et s'échappe furtive au travers des grands bois.

Elle marche , elle marche , éperdue , effarée ;
Ses beaux pieds teints de sang dans la ronce acérée
S'embarrassent .. les flots de ses cheveux épars
S'accrochent aux buissons , volent de toutes parts ;
L'épine mord ses doigts , déchire son visage ,
Et de gaze en lambeaux sème au loin son passage !
Enfin lasse , épuisée et le front tout en eau ,
Se sentant défaillir , aux abords d'un ruisseau
Elle arrive.... D'effroi , d'horreur anéantie ,
Dans le feuillage épais elle reste blottie ,
Et craignant jusqu'au bruit de ses propres douleurs ,
Refoulant ses sanglots et dévorant ses pleurs ,
Des battements du cœur la poitrine brisée ,
Sous le poids de ses maux elle tombe écrasée !
Le jour baisse. Bientôt le silence qui suit
Vient mêler ses terreurs aux terreurs de la nuit :
Alentour, s'agitant dans le feuillage sombre ,
Elle croit voir danser des fantômes sans nombre ,
Dont la face livide et dont les yeux de feux
Font frissonner sa chair et dresser ses cheveux !
Au moindre bruit du vent tout son être tressaille ;
Un reptile qui court dans l'aride broussaille ,
Un insecte du soir qui frôle les roseaux ;
Une feuille qui tombe , un vol furtif d'oiseaux ,
Tout , jusqu'au filet d'eau qui clapote près d'elle ,
Redouble de ses sens l'anxiété cruelle.
A travers ses sanglots , que de fois vers les cieux
Son âme s'éleva ! Que de pleurs de ses yeux
Coulèrent ! Que de fois sa prière de mère
S'épencha dans les flots de sa douleur amère !
Ah ! si le Ciel entend , s'il n'est pas de rocher,
Il a dû s'attendrir et se laisser toucher !

V.

L'étoile au ciel pâlit ; l'horizon se colore
Des premières lueurs dont s'argente l'aurore.
L'ombre fuit, et déjà commencent à chanter
Les oiseaux près du nid qu'ils viennent de quitter,
De leurs sonores voix les doux concerts s'unissent,
Montent jusqu'au Très-Haut, le chantent, le bénissent ;
Et mille accents sortis des feuillages épais,
Remplissent l'air d'un hymne et d'amour et de paix.
De paix !... Mais en est-il pour cette pauvre femme.
Depuis la veille en proie aux angoisses de l'âme ;
Pour cette tendre épouse, à qui le sort affreux
Arrache pour jamais un époux généreux ;
Pour cette mère, hélas ! victime infortunée,
Qui, seule, sans secours, errante, abandonnée,
A son fils ne pourra, sans doute, pour berceau,
Que donner une tombe au bord de ce ruisseau !
Quel abîme effrayant ! Quelle terrible image !
Quelle suite d'horreurs l'avenir lui présage !
Ignorée en ces lieux, nul pour la secourir !...
Il ne lui reste plus qu'à prier et mourir !

VI.

Mais de l'ombre dernière est-ce encore un mensonge ?
Est-ce à ses sens troublés l'illusion d'un songe ?
Vers elle lentement dirigeant son chemin,
Une urne sur l'épaule, un bâton à la main,

Front chauve , dos voûté , la démarche pesante ,
A ses yeux étonnés tout à coup se présente
Un vieillard ; il s'avance à travers les taillis ,
Les cils baissés , l'air grave et les traits recueillis.
En saintes oraisons , en mentale prière ,
Semble absorbée en lui son âme tout entière ,
Et tout son être , empreint d'un sentiment pieux ,
Paraît ne vivre plus que pour songer aux cieux.
Dédaignant des mondains toute vaine parure ,
Il n'a pour vêtement qu'une robe de bure ,
Dont les rudes contours , par la marche assouplis ,
Jusques à ses talons retombent à longs plis.
Le calme est répandu sur son visage austère ,
Une barbe ennoblit ses traits de solitaire ,
Et ses longs cheveux blancs descendant à longs flots
Décorent sa poitrine et roulent sur son dos.
Or, tel est l'inconnu , l'étrange personnage ,
Dont Emelgarde voit apparaître l'image.
Le frisson la saisit... De frayeur , de respect ,
Elle reste clouée au sol à son aspect ;
Et tremblant à la fois de crainte et d'espérance ,
Entrevoyant peut-être un terme à sa souffrance ,
Car tout devient espoir au cœur du malheureux ;
Ou croyant impossible un destin plus affreux ,
Résignée , elle attend dans un morne silence...
Et lui , priant toujours , avec calme s'avance.
Il approche , il arrive au bord du clair ruisseau !
Il abaisse son urne , il va puiser de l'eau....

VII.

Comme un homme sorti d'un extatique rêve,
Dont le regard distrait avec trouble se lève
Etonné de se voir, en entrouvrant les yeux
Ici-bas, quand son âme était ravie aux cieux ;
Tel, au soudain aspect de cette blanche femme,
Assise devant lui, le vieillard sent son âme
S'émouvoir... Il s'arrête, il recule d'un pas,
Doute si son œil veille ou ne le trompe pas,
Et de l'Enfer craignant quelque infâme malice,
Se signe, et de pudeur son front grave se plisse
« Qui que tu sois, dit-il, ou femme, ou vision,
Dans ces sauvages lieux quelle est ta mission ?
Réponds.... Viens-tu de Dieu ? Viens-tu sur cette terre
Apporter des conseils au pauvre solitaire ?
Ou, démon revêtu de charme et de beauté,
Viens-tu dresser un piége à ma fragilité ? »
Trouvant un cœur enfin, dans cette heure d'alarmes,
Où puissent s'épancher sa douleur et ses larmes,
Confiante surtout dans le rosaire saint,
Qui pend au long cordon dont l'étranger se ceint,
Emelgarde à genoux, joint les mains et s'écrie :
« Ayez pitié de moi, bon vieillard, je vous prie !
Je ne suis pas, hélas ! messagère en ce lieu,
L'ange apportant du ciel des paroles de Dieu ;
Je ne suis pas non plus, dans un projet sinistre,
Des desseins de Satan l'impudique ministre ;
Mais une malheureuse, implorant à genoux
Un seul mot d'espérance, un seul regard de vous.
Du terrible Phinart, victime fugitive,
J'ai parcouru ces bois. Dans ma course hâtive, .

La ronce des buissons, la pierre des chemins
Ont déchiré mes pieds, ensanglanté mes mains;
Voyez-les. Tout le jour j'ai marché dans ma fuite,
Pauvre femme éplorée, en butte à la poursuite
D'affreux brigands. Enfin, cédant à la douleur,
Je vins là me cacher et pleurer mon malheur!
Maintenant à mes maux je sens que je succombe;
Laissez-moi de vos soins espérer une tombe;
Et pour le peu d'instants qu'il me reste à souffrir,
Assistez-moi, mon père, et m'aidez à mourir!... »
En achevant ces mots, la malheureuse femme
Pâlit, ferme les yeux, tombe à terre et se pame.
Le bon vieillard pleurait à ces tristes discours.
Il la voit chanceler; il s'effraye..., au secours
Il s'élance. Et dès lors, tout ce que peut attendre
Un mortel malheureux de l'ami le plus tendre,
Tout ce qu'un père enfin ferait pour son enfant,
Dévoue, plein d'ardeur, il le fait à l'instant :
La chaleur de son sein, l'eau froide de la source,
De ses nombreux efforts sont la seule ressource;
A la fin cependant de ce morne sommeil
Il l'arrache, elle vit, son œil s'ouvre au réveil !
« Courage, disait-il, ô mon enfant, courage !
Espérez; c'est si doux l'espérance à votre âge.
Il faut vivre; la vie est pour vous un devoir :
Les secrets du destin les pouvez-vous savoir?
En ses desseins cachés souvent la Providence
Réserve aux plus grands maux ses biens en abondance. »
Ainsi le saint vieillard, ardent de charité,
Déposant sa rudesse et son austérité,
Par ses discours, ses soins, rendait à cette femme
Un peu de vie au corps, beaucoup de force à l'âme.

VIII

Or, l'Ermite pieux, sur le gazon assis,
D'Emelgarde écoutait les émouvants récits.
Confiants, cœur à cœur, longtemps ils se parlèrent,
De leurs yeux attendris bien des larmes coulèrent,
Jusqu'à ce qu'attardé, le vieillard dut enfin
Pour regagner son toit, se remettre en chemin.
« O mon enfant, dit-il, essuyant sa paupière,
Le devoir loin d'ici m'appelle à la prière ;
Je vous quitte à regret, mais je vous laisse à Dieu,
Qui seul peut vous sauver des dangers de ce lieu.
Du faible et du souffrant il est toujours le père,
J'attends tout de lui seul ; c'est en lui que j'espère.
Que puis-je, moi ? bien peu, rien même !... à votre faim,
Tenez, j'offre ce fruit et ce morceau de pain ;
A ma gourde buvez ; sur ce tapis de mousse
Reposez-vous : dormez, que la nuit vous soit douce.
Adieu, ma chère enfant ; espoir dans l'avenir,
Attendez-moi, bientôt je pourrai revenir. »
Il s'éloigne ; et des yeux suivant au loin la trace,
Emelgarde bénit le saint et lui rend grâce,
Certaine que le Ciel, enfin moins rigoureux,
Lui réserve des jours désormais plus heureux ;
Que sous ces traits humains, sous cet aspect étrange,
Il a, pour la sauver, fait descendre son ange ;
Que Saluart survit, qu'il la cherche en chemin,
Que dans ses bras, peut-être, elle sera demain...
C'est ainsi que longtemps d'espérance bercée,
Elle laisse courir sa rêveuse pensee,
Jusqu'à ce qu'à la fin, lui versant ses pavots,
L'esprit des douces nuits l'endort dans son repos.

IX.

Tandis que, sous le poids de sa trop longue veille,
Sur la mousse étendue, Emelgarde sommeille,
Voici que tout-à-coup la profondeur des cieux
D'un jour surnaturel s'illumine. A ses yeux
Apparaît dans les airs, sur un brillant nuage,
Une vierge au port noble, au radieux visage,
Qui n'offre rien d'égal à sa chaste beauté,
Que sa douceur, sa grâce et que sa majesté.
Son pied rase la terre. Empressés autour d'elle,
D'anges, de chérubins une troupe fidèle
Jettent devant ses pas des fleurs, et mille voix,
Dont les divins accents éclatent à la fois,
Font retentir ces lieux de suaves cantiques,
De célestes accords, d'ineffables musiques,
Qui feraient supposer aux humains interdits
La terre devenue un coin du paradis.
Toutefois de sa main, dont la blancheur rayonne,
Sur un signe, se tait le chœur qui l'environne;
Et chacun plein d'amour et de recueillement,
L'écoute, anéanti dans un saint tremblement :
« Vase d'élection, qu'éprouve la souffrance,
Je viens à votre cœur apporter l'espérance.
Que la paix soit en vous; je veille sur vos jours,
Et vous promets du ciel d'efficaces secours.
Consolez-vous; bientôt, femme, vous serez mère;
J'adoucirai pour vous la délivrance amère,
Et noble et grand, l'enfant qui de vous sortira,
Saura venger son père et vous affranchira :
Béni sera son nom ainsi que sa mémoire,
Illustre sa sagesse, immortelle sa gloire

Invincible guerrier, de sa vaillante main,
Il purgera ces lieux d'un tyran inhumain,
Et le fief du vaincu, devenu son partage,
De sa postérité restera l'héritage. »
Elle dit, de respect et de soumission,
Chaque front se prosterne en adoration ;
Puis le chœur se relève et le chant recommence ;
Puis, la Vierge en leurs bras, gagnant l'espace immense,
Ils s'élancent soudain, et d'un rapide essor,
S'élèvent dans les cieux sur des nuages d'or.

X.

Cependant Emelgarde, en extase ravie,
Se sent vivre, un instant, comme d'une autre vie :
Il lui semble qu'en elle un doux élan d'amour
Fait germer le trésor qu'elle doit mettre au jour,
Et que, fruit détaché par un effort suprême,
Naît de ses flancs heureux une part d'elle-même.
Enfin elle s'éveille.... ô prodige ! ô bonheur !
Le germe de son sein est sorti sans douleur !
Le rêve n'était pas une image éphémère :
L'enfant est dans ses bras, il respire, elle est mère !...
Mère ! Jamais mortel de ses yeux n'a pu voir
Un tableau plus touchant, ni l'esprit concevoir
Combien d'émotions passèrent dans cette âme,
Tout ce que de transports sentit ce cœur de femme :
C'étaient les longs regards d'un doux ravissement,
Des larmes de bonheur et d'attendrissement ;
C'étaient au nouveau-né mille ardentes caresses,
Mille baisers d'amour, mille et mille tendresses,

Des pensers de bonheur, des consolations,
C'étaient surtout au Ciel des bénédictions.
Les regards élevés : « Oh ! merci, disait-elle,
Mère des malheureux, Vierge, Reine immortelle,
Merci ! Je dois à vous, à vos seules bontés
Cet enfant, ce trésor de mes félicités.
Merci ! car votre main sur moi s'est étendue ;
De la hauteur des cieux vous m'avez entendue ;
Et, sensible toujours aux plaintes du malheur,
Vous avez en plaisir transformé ma douleur.
Acceptant mes destins sans murmure, sans plainte,
J'adore avec respect votre volonté sainte ;
Merci, Vierge, merci ! car j'avais tout perdu,
En me donnant un fils, vous m'avez tout rendu.
Le voilà : qu'il est beau, rose et blanc dans ses langes !
O Marie, on dirait l'un de ces petits anges,
Qui voltigeaient tantôt dans l'air autour de vous,
Et vous venaient baiser les mains sur vos genoux.
Oh ! maintenant pour lui, pour moi, je vous implore !
Car enfin, je suis mère, il me faut vivre encore ;
J'eusse voulu mourir, hier, dans mon émoi,
Aujourd'hui, je veux vivre : il a besoin de moi. »
En prononçant ces mots elle baise, elle presse
L'enfant de son amour, l'objet de sa tendresse.
Ses yeux émerveillés ne peuvent se lasser
De contempler ses traits, son cœur de l'embrasser
Sur ses mains, sur ses pieds, sur ses bras qu'elle touche,
Pleine de douce ivresse, elle colle sa bouche ;
Dans ses empressements, surtout, elle se plaît
A présenter son sein, déjà gonflé de lait,
Aux lèvres du petit, qui cherche la mamelle ;
Son cœur à ce contact semble se fondre en elle ;

A le sentir ainsi, son être est transporté
D'ineffable plaisir, de tendre volupté.
Que ces soins de nourrice ont pour elle de charmes !
Qu'un moment de plaisir fait dissiper d'alarmes !
Elle a tout oublié, ses dangers, ses revers :
Son fils dans cet instant est tout son univers.

XI.

Alors qu'elle goûtait, au milieu des délices,
De sa maternité les suaves prémices,
Et qu'heureux du présent, oublieux du passé,
En de longs flots d'amour son cœur était bercé,
Un bruit soudain s'élève et trouble le mystère
Des bois profonds…. Son cœur bat avec violence,
Elle écoute, elle entend, vagues, de tous côtés,
Des voix, des cris lointains par l'écho répétés.
A la réalité ce signal la rappelle ;
Elle n'en peut douter, ce qu'on cherche, c'est elle !
Phinart, qui ne l'a pas trouvée en son butin,
Ni dans les tas de morts visités le matin,
Phinart, tigre affamé, de sa proie est avide,
Et la donne à traquer à sa meute perfide.
Dans cet instant fatal où fuir ? où se cacher ?
Où pourra la brebis échapper au boucher ?
Adieu, rêves si beaux ! adieu douce assurance
D'un bonheur dont trop tôt souriait l'espérance !
Il faut céder, hélas ! au destin sans pitié,
Et du calice amer boire l'autre moitié !…
Mais ce n'est pas le temps des inutiles plaintes ;
Son enfant la rend forte au milieu de ses craintes.

Son enfant ! C'est surtout lui qu'elle veut sauver ;
Lui qu'aux mains des brigands elle veut enlever.
Faible et timide femme , en ce moment suprême,
Elle trouve un courage au-dessus d'elle-même ;
Et près d'elle sentant le cercle plus serré ,
D'un élan surhumain , d'un bras désespéré ,
Elle arrache l'enfant qui pend à sa mamelle ,
Et qu'arrose le flot de son lait qui ruisselle.
De ses voiles de lin, de chauds ajustements,
En hâte , elle lui fait les premiers vêtements ;
Dépouillant son manteau de noble châtelaine ,
Ample et soyeux abri de fourrure et de laine ,
Elle entoure avec soin , de longs plis déroulés,
Ces membres délicats que l'air vif eût gelés.
Enfin dans un buisson , au fond d'un creux de terre,
Dont nul rayon de jour ne trouble le mystère,
Sur la mousse amassée , ainsi qu'en un berceau .
A deux pas seulement du limpide ruisseau ,
Elle court déposer, palpitante et furtive ,
Le pauvre ange endormi qu'elle baise, craintive ;
De peur de l'éveiller , refoulant tout transport,
Quand son amour disait de le serrer plus fort.
Alors, comme un adieu qu'on fait sur une tombe,
A genoux , près de là , sur la terre elle tombe ;
Et le cœur déchiré , des larmes dans les yeux ,
Elle élève les mains et la voix vers les cieux :
« Mère des malheureux, sainte Vierge Marie,
Dont l'oreille jamais n'est sourde à qui vous prie ,
Il est là, cet enfant que vous m'avez donne,
Couché dans son tombeau , s'il est abandonné,
Mais vivant, mais sauvé , si je vous le confie ,
Que vous le protégiez et veilliez sur sa vie :

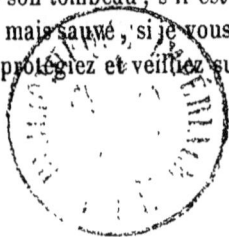

2

A vous ce cher trésor, mon espoir, tout mon bien ;
Qu'il soit donc votre enfant, mère, et non plus le mien. »
Elle dit, et dès-lors, plus forte d'espérance,
Elle attend les brigands, d'un front plein d'assurance :
On dirait qu'un rayon, sur sa tête arrêté,
Fait d'un nouvel éclat resplendir sa beauté ;
Qu'une main, la couvrant, invisible et divine,
Met la grâce en ses traits, la force en sa poitrine,
Et qu'auguste à la fois de visage et de port,
Elle s'avance au trône et non pas à la mort.

XII.

Jusque-là les soldats, avides de leur proie,
Ne l'ont pas vue encor, mais quêtent sur sa voie.
Ils approchent.... Soudain, un cri part : « La voilà ! »
Et leur meute s'élance, et d'un bond ils sont là,
Sortant de toutes parts, âpres à la curée ;
De leur foule Emelgarde est bientôt entourée.
Ces hommes cependant, à son auguste aspect,
S'arrêtent indécis. Emus d'un saint respect,
Ils sentent s'amollir en eux leur cœur de pierre,
Et sont près, à ses pieds, de tomber en prière :
« Oui, me voilà ! dit-elle, eh bien ! que tardez-vous
A me percer du fer qui perça mon époux ?
Assassins de Phinart, achevez votre crime ;
N'hésitez pas, frappez ; je suis votre victime. »
Les brigands à sa voix, muets d'étonnement,
Mornes et l'œil baissé, restent sans mouvement.
Enfin, l'un d'eux plus ferme et rompant le silence ;
« Non, nous ne venons pas, armes de violence,

Au mépris de l'honneur et de l'humanité ,
Exercer contre vous d'indigne cruauté.
Phinart , de ce pays seigneur et puissant maître ,
En son château du Buc désire vous admettre ,
Noble dame ; il connaît , sans doute , vos vertus ,
Et veut vous entourer des soins qui vous sont dus.
Terrible aux ennemis , et vaillant au carnage ,
Il aime l'innocence et lui sait rendre hommage :
Venez vers lui , madame , espérez le bonheur ;
Son respect vous attend et non le deshonneur. »
Emelgarde à ces mots , avec un geste digne :
« Je connais mon destin , marchons , je m'y résigne. »
Or, par son ascendant chacun d'eux dominé ,
L'accompagne en silence et le front incliné ;
On dirait des soldats escortant une reine ;
Des sujets pleins d'amour, gardant leur souveraine.

XIII.

Après de longs chemins et de nombreux détours ,
Enfin du noir castel on voit poindre les tours.
On approche. Bientôt aux longs signaux qui sonnent,
Les chaînes de la herse , en s'abaissant , résonnent.
Sur ses bords escarpés le pont massif et lourd
Tombe , et fait retentir un gémissement sourd.
On entre ; vers Phinart Emelgarde s'avance.
Malgré l'air menaçant dont il s'arma d'avance ,
Malgré le noir instinct de sa férocité ,
Ses traits empreints d'astuce et de perversité ,
Devant tant de grandeur , de charmes , d'innocence ,
Des ressources du crime il ressent l'impuissance

Et son âme inflexible est prêt à s'émouvoir :
Tant la vertu sur l'homme a toujours de pouvoir.
En vain il veut garder l'éclair de son œil fauve ,
Les rides du courroux sur son front bas et chauve,
A sa lèvre un dédain , la rudesse à sa voix ,
D'un trouble intérieur , dominé cette fois ,
Son cœur est impuissant, son regard est sans flamme,
Phinart se sent trembler à l'aspect d'une femme.
Toutefois , s'indignant de trop d'humanité ,
Honteux de laisser voir quelque timidité ,
Il commande à ses sens , compose son visage ,
Rappelle sur ses traits sa dureté sauvage ,
Et redressant son front , il chasse loin de lui
Cet éclair de bonté qui dans ses yeux à lui :
« Dans la tour du midi , soldats , dit-il , qu'on mène
Cette femme , butin qui doit en mon domaine
Rester, et que peut seule une riche rançon
Arracher aux rigueurs de sa noire prison.
Allez , je la confie à votre soin fidèle :
Sachez que sur vos jours vous me répondez d'elle. »
Sans crainte , sans murmure et résignée au sort,
Emelgarde , à ces mots , suit les gardes, et sort.
Elle sait désormais tout ce que lui prépare
De tourments et d'horreurs son ennemi barbare ,
Et fière , l'écrasant d'un regard de mépris,
Derrière elle le laisse immoblile et surpris.

XIV.

Dans l'angle de la cour , sur un corridor sombre ,
Dont nul rayon jamais ne vient éclairer l'ombre ,

Une porte de fer , au lourd châssis branlant,
S'ouvre , et sur ses vieux gonds grince et crie en roulant.
D'un labyrinthe affreux cette porte est l'entrée.
On s'avance à tâtons.... La paroi pénétrée
De moiteur , vous transit ; on s'y sent à l'étroit ,
Même pour respirer ; on étouffe , on a froid
Dans ce hideux conduit. La voûte en est si basse ,
Que se courbant en deux avec peine l'on passe.
Le guide cependant , une torche à la main,
En avant se hasarde et sonde le chemin :
Il a peur ; et d'ailleurs derrière lui personne
De qui le cœur ne batte et le corps ne frissonne.
Or , du noir souterrain le sinueux détour
A la fin les conduit au guichet de la tour :
La clef en rugissant tourne dans les serrures ;
Les ais de chêne lourd grondent sous leurs ferrures.
On ouvre , l'on descend ; quelques marches plus bas ,
On rencontre la dalle , humide sous ses pas ;
Car l'aire est au niveau du lit des eaux profondes ,
Dont on sent alentour battre et rouler les ondes.
Et c'est ce froid réduit , privé d'air et de jour ,
Qu'à la pauvre captive en donne pour séjour :
Cercueil anticipé de ciment et de pierre ,
Qui doit ensevelir une existence entière ;
Prison, dont le geolier insensible à tous maux,
En sortant chaque jour , ne dira que ces mots :
« Voici ton pain , ton eau sur ta paille . Emelgarde.
« Au revoir, bon courage et que le Ciel te garde. »
Oui , contre ton espoir, le Ciel t'exaucera ;
Sublime en ses desseins , il la conservera.
A travers l'épaisseur de ces remparts de pierres ,
De ces portes de fer, passeront ses prières ;

Et malgré les verrous que tu peux ajouter,
Les anges du Seigneur la viendront visiter.

XV.

L'ermite cependant au retour de l'aurore,
Comme il fait chaque jour, à l'eau revient encore,
Et d'un pas plus hâtif, il se dirige droit
A l'abri d'Emelgarde. Un saule en est l'endroit.
Il s'arrête, il pâlit, l'effroi gagne son âme :
Partout silence et vide et nulle part de femme.
Qu'est-elle devenue ? En proie à ses frayeurs,
A-t-elle été chercher un coin plus sombre ailleurs ?
Dans le fond des taillis ses yeux perçants se plongent,
Il jette des appels, qui dans l'air se prolongent,
Il s'épuise en efforts, et dans le bois profond,
Le seul écho troublé à ses accents répond.
Triste et rêveur alors, le saint vieillard s'apprête,
Quoique encore hésitant, à gagner sa retraite ;
Quand à deux pas de là, vers de sombres fourrés,
Par un bruit tout-à-coup ses yeux sont attirés :
Ce sont des cris, des chants, un buisson où ramage
De mille oiseaux divers le bruyant assemblage.
Il s'étonne d'abord ; mais à quoi bon ? Ce bruit
N'est des hôtes du bois qu'un caprice fortuit....
Et pourtant le bruit croît, le tumulte redouble.
Il revient sur ses pas, il hésite, il se trouble,
Et se prend à songer qu'un augure, que Dieu
L'avertit d'un devoir et l'appelle en ce lieu.
Dans son doute, il approche ; et sous l'épais feuillage,
Au travers des sarments, des ronces, des branchages,

Il pénètre. Ses yeux , sur qui le jour a lui,
D'abord restent sans voir ; mais bientôt devant lui
Il découvre , ô surprise ! un enfant blanc et rose , -
Qui, dans son lit mousseux , tranquillement repose ,
Et qui , levant les mains avec un doux souris ,
Semble appeler à lui sa mère par ses cris.
Le solitaire ému , le prend et l'examine ;
Il reconnaît le voile et le manteau d'hermine :
C'est l'enfant d'Emelgarde , il n'en peut plus douter ;
Cher trésor qu'en naissant il a fallu quitter,
Et qu'elle a dû soustraire aux mains des hommes d'armes !
A ce penser ses yeux se remplissent de larmes.
Que faire ?... Mais sans perdre un temps trop précieux ,
Au petit innocent il veut ouvrir les cieux ,
Et lui lavant du cœur la tache originelle,
Le préparer d'abord à la vie éternelle.
Il descend au ruisseau. Là sur ces fonts sacrés ,
Et devant Dieu, selon les rites consacrés,
Il le voue à la foi , le lave d'anathème ,
Le nomme *Lydéric ;* car ce nom de baptème,
Dont l'ensemble des mots dit *prince infortuné* ,
Convient au triste état du pauvre nouveau-né ,
Qui , de tant de grandeurs de son noble héritage ,
N'a que son abandon pour unique partage.
Enfin pour achever la consécration ,
Et du Ciel implorer la bénédiction,
L'élevant dans ses bras, comme une pure offrande,
Qui doit intéresser aux faveurs qu'il demande :
« Seigneur, dit-il , Seigneur, veillez sur lui toujours,
Cet enfant , dont le soin s'impose à mes vieux jours.
De vos grâces sur lui répandez l'abondance ;
Revêtez-le de force , armez-le de prudence ;

O mon Dieu , que fidèle à votre sainte loi ,
Il soit un jour ici le pilier de la foi.
Que vengeur de son père , appui de l'Évangile ,
Il brise le méchant , comme un verre fragile ,
De sa mère à ses pieds fasse tomber les fers ,
Du bruit de ses vertus réveille ces déserts ;
Et que pour le tribut de sa reconnaissance ,
Vous soient voués son bras , son cœur et sa puissance.
Pour moi , faible instrument de vos desseins secrets ,
Aveugle adorateur de vos justes décrets , .
Possédant tout entier le bonheur que j'envie .
De vous sacrifier les restes de ma vie ,
Quelque indigne pécheur que devant vous je sois ,
Vous me le confiez , Seigneur, je le reçois :
Il sera le plaisir de ma triste vieillesse ;
Consolera ma peine , aidera ma faiblesse;
Et si vous approuvez cet office pieux ,
Ce sera lui , Seigneur, qui fermera mes yeux.
Mais comment remplacer, à la soif de sa lèvre ,
Le doux lait maternel dont le malheur le sèvre ?
Vivra-t-il, comme moi , de racines et d'eau ?
Du pain de charité romprà-t-il le morceau ?
Non , mon Dieu, les agneaux ont leur toison de laine,
Pour eux vous tenez prête une mamelle pleine.
Les petits des oiseaux meurent-ils dans leurs nids?
Non, vous avez , Seigneur, des trésors infinis ,
Chaque être de vos dons reçoit la plénitude ,
Et vous veillez sur tous avec sollicitude.
Commandez donc, Seigneur, et ce même ruisseau
Va donner à l'instant du lait pur au lieu d'eau ;
Commandez, la vapeur, qui du matin émane ,
Va se figer en miel , se condenser en manne ;

Commandez , ô Seigneur ....» Il n'avait pas tout dit ,
Que devant ses regards une biche bondit.
Elle approche de lui , s'arrête et lui présente ,
Comme pour la tirer, sa mamelle pesante.
O bonheur, en voyant arriver ce secours ,
Il reconnaît d'en haut le bienveillant concours ;
Et certain désormais que le Ciel le protége ,
D'un grand poids de soucis son pauvre cœur s'allége
Maintenant il est sûr que l'orphelin vivra ;
Qu'à l'appel de sa voix la biche reviendra,
Car par elle déjà sa main rude est léchée ,
Confiante à ses pieds elle est déjà couchée ;
Et l'enfant affamé , sous la mousse étendu ,
Suce à longs flots le lait si longtemps attendu
Or , chaque jour trois fois la biche vagabonde
Vint offrir au petit sa mamelle féconde.

XVI.

Le nouveau-né grandit , sa voix se délia :
Instruit par le vieillard bientôt il bégaya
Ce nom si cher au cœur, ce nom si doux de père ,
Après celui de Dieu, le plus saint sur la terre.
Puis de son jeune esprit s'agrandit l'horizon :
Mot à mot du vieillard, il apprit l'oraison ;
Répéta bientôt seul l'admirable prière ,
Dont le Verbe éternel fit la terre héritière.
Puis insensiblement sa voix se maria
Aux célestes accents de l'*Ave Maria.*
Et c'est ainsi qu'instruit dans le sacré symbole ,
Au commerce du Ciel il apprit la parole.

C'était beau de les voir agenouillés tous deux
Le soir d'un jour serein], devant un tertre ombreux,
Qui d'un autel offrait grossièrement l'image,
A la mère de Dieu présenter leur hommage!
Oh! comme étaient fervents et comme allaient aux cieux,
Les élans de leurs cœurs et leurs hymnes pieux!
Que le Seigneur devait avec sollicitude
Visiter chaque jour leur sainte solitude!
Que de paix il devait répandre en ces deux cœurs,
Que du sort il leur dut épargner de rigueurs!
Semblable au filet d'eau qui coule sur la pierre,
Sous des arches de fleurs, d'aubépine et de lierre,
Et dont nul noir limon, dont nulle impureté
Ne vient ternir l'éclat ni la limpidité;
Miroir ne reflétant que les fleurs de ses voiles,
Ou quelque coin d'azur resplendissant d'étoiles :
Ainsi leur douce vie, en sa rusticité,
Était belle de paix et de simplicité;
Ainsi, peu traversés des soucis de la terre,
Du Ciel seul ils faisaient leur bonheur solitaire.
Souvent le saint vieillard, débarrassé des soins
Qu'imposaient chaque jour leurs terrestres besoins,
Quand il était rentré de sa lointaine course,
Avec du pain d'aumône et de l'eau de la source,
Assis près du foyer ou sur le vert gazon,
Selon qu'était rigide ou tiéde la saison,
Comme pour se distraire, apportait sur la table
Le seul bien qu'il aimât, son trésor véritable,
Legs d'un religieux écrit par des doigts saints,
Le livre vénéré des testaments divins.
Il montrait à l'enfant chaque miniature,
Étonnante d'aspect, vivante de peinture,

Et lisait, commentait, plein d'un zèle éclairé,
Les émouvants écrits du manuscrit sacré :
Ici, Dieu du cahos faisait sortir le monde ;
Créait l'homme, si vain, pétri de fange immonde ;
Là l'ange, armé de feu, chassait du paradis
Nos coupables parents, nus, honteux et maudits ;
Plus loin l'eau de l'abîme entr'ouvert six semaines,
Noyait les animaux et les races humaines,
Et Noë, ses enfants, justes par Dieu sauvés,
De l'immense déluge étaient seuls préservés.
Ailleurs, c'étaient encore les terribles sévices,
Qui frappaient deux cités, infâmes par leurs vices ;
Et l'enfant frissonnait des pieds jusqu'aux cheveux,
A voir tomber du ciel tant de torrents de feux !
Moins sombre apparaissait le tableau de Moïse,
Dirigeant les Hébreux vers la terre promise ;
Il aimait à les voir, pâles, épouvantés,
Debout sur le rivage et des flots arrêtés,
Quand le prophète arrive, et que la main tendue,
Il leur fraye un chemin dans l'onde suspendue.
Puis à son tour venait David, le beau pasteur,
Qui toisait du géant l'orgueilleuse hauteur,
Et qui, tournant sa fronde et lançant une pierre,
Sous le coup l'étendait sanglant dans la poussière.
Chaque fois signalés, ces grands événements
Etaient pour l'orphelin autant d'enseignements,
Dont la haute sagesse et la morale saine
Se gravaient mieux encor par l'éclat de la scène.
Mais l'histoire surtout, qui l'attachait le plus,
Etait jusqu'à la fin celle du doux Jésus :
Là, depuis Béthléem où la Vierge fut mère,
Jusques au Golgotha, plein de tristesse amère.

Il suivait le Sauveur et restait soucieux,
Qu'il ne l'eût vu monter triomphant dans les cieux.
Que de fois la beauté de la sainte doctrine
De généreux élans fit battre sa poitrine !
Que de fois de ses yeux s'echappèrent des pleurs,
Au récit palpitant des divines douleurs !
Or, Lydéric ainsi, plante tendre et fragile,
Croissait, se nourrissant des sucs de l'Evangile,
Et rempli, jeune encore d'un précieux savoir.
Pratiquait avec fruit les leçons du devoir.

XVII.

L'orphelin grandissait. De journée en journée,
Le temps le conduisit à sa seizième année,
Age où le sang fermente, où de vagues désirs
Troublent l'adolescent, jusque dans ses plaisirs :
Il n'était plus enfant, n'étant pas homme encore ;
Mais sa voix avait pris un timbre plus sonore,
Son teint était plus brun, ses traits plus prononcés,
Ses muscles plus saillants ; sur des pieds élancés,
Une taille bien prise et d'un galbe robuste,
Répondait noblement à la beauté du buste ;
Son œil intelligent était plein de fierté,
Tout son corps respirait puissance et majesté,
Et montrait dans sa force et sa haute stature,
L'homme prédestiné que formait la nature.

XVIII.

Jusque-là le vieillard, témoin sage et discret,
Du berceau de l'enfant gardait l'affreux secret,

Ne voulant pas jeter dans la paix de cette âme
De vengeance et de haine une inutile flamme,
Ni prématurément empoisonner des jours,
Qu'un bonheur calme et pur faisait trouver si courts
Il y songe pourtant ; et son amour rebelle
Commence à s'alarmer de cette heure cruelle,
Où, cédant aux rigueurs de la nécessité,
Il doit à l'orphelin toute la vérité.
Incertain, il hésite à rompre le silence ;
Entre deux sentiments son amitié balance :
Parler, c'est renoncer, peut-être pour jamais,
A celui dont son cœur a besoin désormais ;
C'est détacher de lui la moitié de lui-même,
Se priver du seul bien que sur la terre il aime,
Perdre le compagnon, l'appui de ses vieux jours,
Qu'il eût voulu garder et conserver toujours.
Se taira-t-il ? la voix du devoir lui commande ;
Cet enfant, ce trésor, le Ciel le redemande :
Que faire ?.... Dieu le veut, il n'a pas à choisir,
Mais sur l'ordre divin à régler son désir.

XIX.

Un jour donc sur son sein, que la douleur oppresse,
Doucement il l'attire, il le serre, il le presse,
Comme un fils qu'on embrasse au moment des adieux,
Laissant parler son cœur et s'épancher ses yeux :
« Lydéric, mon enfant, dit-il, ah ! voici l'heure
Où tu dois me quitter, et c'est pourquoi je pleure !
Je pleure, car tu sais, et Dieu le sait aussi,
Combien j'eusse voulu te retenir ici....

Mais le Ciel , insensible aux humaines faiblesses ,
Ordonne que je parle et que tu me délaisses.
C'en est fait ! il le faut ! enfant , prépare-toi
A connaître un secret , que nul autre que moi
Ne connaît. Lydéric , que ne puis-je me taire !
Lydéric , tu n'es pas le fils du solitaire. . . .
Je ne suis rien pour toi qu'un aveugle instrument ,
Dans les desseins de Dieu choisi pour un moment ;
Un de ces serviteurs , que souvent il envoie
Des pas de quelque élu frayer la sainte voie.
Maintenant , quoiqu'il puisse en coûter à mon cœur ,
Vous le redemandez, je vous le rends , Seigneur :
Oui , voilà cet enfant , qu'enveloppe un mystère ,
Que j'avais recueilli faible et nu sur la terre ,
Et que j'ai , comme un père , entouré chaque jour
De mes plus tendres soins et de tout mon amour.
Il est grand , il est beau , beau surtout d'innocence ,
Digne par ses vertus de sa haute naissance ,
Et tout prêt à marcher au glorieux chemin ,
Que daignera , Seigneur, lui tracer votre main. »
Et le vieillard alors , consultant sa mémoire ,
Raconte à l'orphelin sa dramatique histoire ;
Cent fois il interrompt le récit émouvant ,
Pous essuyer ses pleurs et baiser son enfant.
Enfin quand il en vint à la prison infâme ,
Où depuis si longtemps souffrait la pauvre femme ;
Comme un jeune lion de fureur bondissant ,
Se dresse Lydéric. . . . Du sang ! il veut du sang !
Tout le sang du bourreau qui torture sa mère ,
Le sang du meurtrier de son généreux père !
« Des armes ! criait-il , des armes , ô mon Dieu !
Que je vole à l'instant dans cet horrible lieu ,

Frapper le monstre au cœur, lui ravir sa victime,
Et brûler avec lui le repaire du crime! »
Et dans son désespoir, hors de lui-même, hagard,
Il promène alentour son terrible regard,
Cherchant s'il ne voit pas dans l'agreste demeure
Cette arme, sous laquelle il faut que Phinart meure.
Mais le sage vieillard par de tendres efforts,
Apaise sa fureur et calme ses transports:
« Que fais-tu, mon enfant? Rappelle ta prudence;
Compte moins sur ton bras que sur la Providence;
Du saint droit de ta cause espérant ses bontés,
Ecoute avec respect ses hautes volontés.
Dieu lui-même te parle aujourd'hui par ma bouche;
Son esprit, cette nuit, a visité ma couche,
Et d'un songe divin, éclairant mon sommeil,
M'a transmis ses secrets et donné ce conseil:
Il est, vers le couchant, une lointaine terre,
Que les hommes du Nord appellent Angleterre,
Où règne, grand et juste, un prince de ton sang,
Sur des peuples nombreux. Près de ce roi puissant,
Sans tarder, Lydéric, il faut, il faut te rendre,
Avant de rien fixer et de rien entreprendre;
Là, lui-même le Ciel te promet son concours,
Et te tient préparés d'efficaces secours.
Auprès de ce parent qui, jaloux de ta gloire,
T'apprendra les combats et l'art de la victoire,
Va donc; vas accomplir tes illustres destins;
Va, le devoir t'appelle aux rivages lointains.
Mais pour punir le traître et venger ton outrage,
Modère ton ardeur et règle ton courage.
Pour moi, qui ne saurais si loin suivre tes pas,
Moi, que bientôt ici frappera le trépas,

Car je sens que ma vie, en perdant ce qu'elle aime,
Va perdre désormais le souci d'elle-même ;
Pour moi, dis-je, gardant ton tendre souvenir,
Je prîrai nuit et jour le Ciel de te bénir ;
Trop heureux, si mes vœux et mon long sacrifice
Peuvent te rendre au moins la fortune propice. »

XX.

A quelque temps de là, s'éloignant de ces lieux,
Lydéric au vieillard adressait ses adieux.
Une croix, un bâton étaient les seules armes
Qu'il prît pour se défendre à l'heure des alarmes,
Assuré que le Ciel, dont l'œil veillait sur lui,
Serait partout son guide et son plus ferme appui,
Et se sentant d'ailleurs bouillant de ce courage
Qui fait du péril même un attrait au jeune âge.
Songeant à l'avenir et prodigue de soins,
Le saint voulut pourvoir à ses moindres besoins :
Il l'avait revêtu d'une cotte de laine,
Avait à son bâton pendu sa gourde pleine,
Et dans un sac de peau façonné par sa main,
Mis du pain, au-delà des besoins du chemin.
Puis, dans un coin obscur de la pauvre chaumière,
D'un coffret, qu'il avait scellé sous une pierre,
Il alla retirer, comme un riche trésor,
Le manteau de sa mère ainsi qu'un anneau d'or,
Joyau, gage sacré, sceau de haute noblesse,
Qu'Emelgarde, au moment de l'affreuse détresse,
En toute hâte avait de son doigt arraché,
Et qu'au cou de l'enfant elle avait attaché.

Ces objets précieux et ces chères reliques
Pour Lydéric étaient des titres authentiques
Par lesquels, voyageur arrivant pauvre et nu,
Il s'assurait l'espoir d'être au moins reconnu.
Chargé de ce dépôt, son unique héritage,
Abrégeant des adieux dont souffre son courage,
Il baise le vieillard une dernière fois,
Et bientôt disparaît dans l'ombre des grands bois.

XXI.

Après mille dangers d'une route incertaine,
Lydéric enfin touche à la rive lointaine.
La mer est devant lui; son œil épouvanté
Se fixe avec horreur sur cette immensité!
Entre la terre et lui, l'abîme.... Le rivage
N'offre qu'un sable aride et qu'un désert sauvage.
Que faire? pas un homme : on dirait que ces bords
Séparent l'univers du domaine des morts.
Il marche, morne et sombre, et près d'un jour il erre,
Seul avec sa pensée et son cœur qui se serre.
Tout-à-coup, dans la brume, il entend, oh! bonheur!
Des bruits lointains de voix, il y vole; un pêcheur
Avec peine traînait et retirait des ondes
Les filets, qu'il jetait au sein des eaux profondes.
L'espoir lui rend la force; en aide généreux
Il se présente, il s'offre; et son bras vigoureux
Trois jours du nautonnier aida la main débile.
Pour prix de ses efforts et d'un travail utile,
Le pêcheur avec lui traversa le détroit.
Puisant dans son succès ainsi que dans son droit

Un courage nouveau, Lydéric au rivage
Aborde, prend en main son bâton de voyage,
Et joyeux de fouler du pied le sol anglais,
S'empresse de se rendre aux portes du palais.
Le front haut et le cœur débordant d'espérance,
Il revêt en entrant une noble assurance.
Le Ciel qui le protége et partout le conduit,
Près du trône du roi le mène et l'introduit.
On l'écoute, il émeut ; on est forcé de croire
A la réalité de sa navrante histoire,
Car il tient à la main et montre à tous les yeux
Le manteau de sa mère et l'anneau précieux.
Le monarque touché jusques au fond de l'âme,
Tour à tour s'attendrit et de courroux s'enflamme :
« Enfant de Saluart, noble tige des rois,
Viens, ton sang est le mien et tes droits sont mes droits
Orphelin délaissé, viens, je serai ton père ;
Je veux te préparer un avenir prospère ;
Des plus hautes vertus orner ton jeune cœur,
Et d'un lâche ennemi te rendre un jour vainqueur.
Tu seras par mes soins digne de notre race,
Digne de tes ayeux dont tu suivras la trace.
Mes guerriers t'apprendront des combats l'art fameux,
Les luttes des héros seront pour toi des jeux ;
Mes leçons et les leurs te rendront invincible,
De ton nom inconnu feront un nom terrible,
Et bientôt, admiré des princes et des rois,
Tu les étonneras du bruit de tes exploits.
Exécrable Phinart, ô monstre qu'on abhorre,
Saluart est tombé, mais son fils vit encore ;
Il vit pour sa vengeance, il vit pour ton trépas,
Vil tyran, à ses coups tu n'échapperas pas.

En vain, lâche assassin, persécuteur de femmes,
Tu crois être à l'abri dans tes remparts infâmes ;
En vain ton noir château cache en ses murs maudits,
Troupe digne du chef, un peuple de bandits,
En vain ton bras se fie à sa force brutale,
Elle est prête à sonner, pour toi, l'heure fatale :
Le Ciel, cet enfant, moi, contre toi conjurés,
Saurons trouver ton cœur, et nos coups assurés
Ne t'épargneront rien des justes funérailles,
Que réserve pour toi la loi des repressailles.
O Lydéric, enfant que d'avance j'aimais,
Heureux auprès de moi, sois mon fils désormais.
Participe aux grandeurs dont l'éclat m'environne ;
Sois un fleuron nouveau de ma noble couronne ;
Et de tous mes sujets, reçois dans cette cour
Des marques de respect et des preuves d'amour. »
Le monarque à ces mots redouble de tendresse,
Baise au front Lydéric et sur son cœur le presse.
Les camériers royaux, par son ordre appelés,
Arrivent à la hâte , et, serviteurs zélés,
Au jeune voyageur présentent l'eau lustrale,
Lavent son front souillé de poussière et de hâle,
D'insignes de son rang parent sa dignité ,
Et prince, il apparaît dans toute sa beauté.
Dès lors toute la cour autour de lui s'empresse ;
L'aimer, c'est plaire au roi : on l'aime, on le caresse.
C'est à qui l'ornera des plus rares joyaux ;
A qui le couvrira des habits les plus beaux.
Mais les nobles coursiers et les brillantes armes
A ses goûts belliqueux offrent bien d'autres charmes.
Que lui font ces colliers, cet or, ces diamants ,
Ces parures de femme et ces vains ornements ?

Ce qui lui faut, à lui, c'est la lourde cuirasse,
La hache au dur acier dont chaque coup terrasse ;
C'est la tranchante épée, à la garde d'airain,
Le cheval indompté, qui bondit sous le frein.
Aussi, se dérobant à d'indignes mollesses,
Recherche-t-il des camps les brillantes prouesses,
Ses seuls jeux favoris ce sont des jeux guerriers :
C'est la chasse des bois sur d'ardents destriers ;
C'est le dard, c'est l'angon qu'un bras ferme balance,
Et que droit à son but avec vigueur on lance ;
C'est s'armer de la fronde, et faire siffler l'air
Du caillou tournoyant, qui part comme l'éclair ;
C'est jeter loin de soi, comme un lutteur son disque,
La hache à deux tranchants, la terrible francisque,
Dont le fer meurtrier va porter à cent pas,
Dans un cœur ennemi, la glace du trépas ;
C'est bondir, c'est frapper, c'est briller dans les lices ;
Les assauts glorieux sont ses seules délices.

XXIII.

Le temps rapide a fui. Croissant de jour en jour,
Devenu le plus beau des princes de la cour,
Ce n'est plus maintenant un enfant, c'est un homme,
Que par ses hauts exploits l'on cite et l'on renomme.
Plus d'un fier chevalier, plus d'un fameux soldat,
Dans les joutes des camps simulant le combat,
Sont tombés à son choc sur la poudreuse arêne,
Honteux de proclamer sa force souveraine.
Déjà dans cent tournois son bras s'est signalé ;
Le bruit delà les mers en a déjà volé,

Et la Gaule jalouse et son prince Clotaire
Ont envié sa gloire à l'heureuse Angleterre.
De son jeune héros dont il connaît le prix,
Le vieux roi sent son cœur passionnément épris :
Pour lui, c'est l'ornement, c'est l'éclat de son trône,
C'est le plus pur joyau de sa riche couronne.
Dieu l'a privé d'un fils ; il songe à l'avenir :
Tout lui dit qu'à sa cour il doit le retenir.
Lydéric ! Lydéric !... Si sa mère en souffrance
N'attendait dans les fers l'heure de délivrance,
S'il n'était par devoir et serment engagé ,
A venger le trépas de son père égorgé,
Oublieux désormais de la patrie absente,
Ébloui des grandeurs que la cour lui présente ,
Peut-être il resterait, et par des nœuds étroits,
Se lîrait de plus près au noble sang des rois.
Mais à d'autres que lui ces coupables pensées ,
Ces vains attachements des amours insensées ;
Son cœur mâle, qui bat pour de plus saints attraits,
Des passions sur lui laisse émousser les traits.
Et dès lors c'en est fait, secouant sa tutelle,
Il brûle de partir où le devoir l'appelle.
Un jour de plus passé dans ces palais heureux,
Pour sa mère et pour lui serait un siècle affreux ;
Peut être en retardant ce seul jour, même une heure,
La trouvera-t-il morte en sa sombre demeure ;
C'est un crime, il le sent, dont il doit compte aux cieux,
Que de perdre en lenteurs un temps trop précieux.
Ses retards à briser la chaîne des supplices
Ne deviennent-ils pas du tyran les complices ?
Non, non , l'heure est venue où son bras doit frapper ;
Où du sang de Phinart sa main doit se tremper.

XXIV.

Quatre ans se sont passés sur la terre etrangère,
Depuis que l'y porta la nacelle légère
Du pêcheur. Maintenant digne de ses destins,
Il s'apprête à revoir les parages lointains ;
Et, farouche lion agitant sa crinière,
Quittant pour le désert, au printemps, sa tanière,
Superbe champion, implacable ennemi,
Va punir le coupable en son crime endormi.
Son départ est un deuil pour ses compagnons d'armes ;
Tous les cœurs sont serrés, tous les yeux sont en larmes ;
« Va, dit le vieux monarque, au moment de l'adieu,
Reviens bientôt vainqueur et ramené par Dieu.
Que ses saintes faveurs sur ton front réunies,
Rendent tes jours heureux et tes armes bénies.
Pour moi, dont les hivers ont blanchi les cheveux,
J'en suis, hélas ! réduit à de stériles vœux ;
Mon bras est sans vigueur, mon corps courbé par l'âge
Je ne saurais te suivre en ton lointain voyage.
Mais je te livrerai mes fougueux destriers,
Mes armes, mes trésors, et surtout mes guerriers.
Avec eux et le Ciel, qui te veille invisible,
J'en ai le ferme espoir, tu seras invincible ;
Tu sauras te venger de ton sanglant affront,
Et de pieux lauriers couvrir ton jeune front.
Va remplir ton devoir, noble enfant de ma race,
La victoire t'attend, l'honneur suivra ta trace
Va réclamer tes droits par d'éclatants défis :
Tes projets sont sacrés et dignes d'un bon fils.

Mais tu n'oublîras pas, cher enfant, je l'espère,
Le vieux roi qui pour toi conserve un cœur de père;
Au départ laisse moi du moins le doux espoir,
Qu'en ton triomphe encor je pourrai te revoir.
Tu sais combien ici notre amour est sincère;
Ce sol pour toi n'est plus une terre étrangère;
Auprès de moi, des miens, qui t'attendront toujours,
Avec ta mère, enfant, viens couler d'heureux jours,
Et lui faire oublier, au sein de nos caresses,
Les horreurs du cachot et ses longues tristesses.
Ah! que ne suis-je encore à ces jours d'autrefois,
Où seul en ce pays, je combattais six rois;
Où mes Angles et moi, jusque dans leurs rivages;
Refoulions devant nous leurs légions sauvages;
Où, terrible fléau des princes orgueilleux,
Je courbais à mes pieds leurs fronts audacieux;
Où je faisais tomber les plus superbes têtes,
Comme de hauts épis qu'abattent les tempêtes;
Je n'aurais pas alors souffert que seul ainsi,
Pour le combat sans moi tu partisses d'ici;
Mon corps t'eût fait partout un rempart formidable,
Et Phinart eût connu ma valeur redoutable;
Mais, ô vains souvenirs! ô regrets superflus!
Ces temps, cher Lydéric, ces beaux temps ne sont plus
Je n'ai plus, vieux lutteur, du siége où je me traîne,
Qu'à te suivre des yeux dans ta brillante arène;
Et de ce que je fus, je n'ai plus que ce cœur,
Qui pour t'aimer conserve un reste de vigueur.
Du moins si d'un vieillard la longue expérience
Est digne, en ses conseils, de quelque confiance,
Si tu crois à l'amour que j'ai pour toi, mon fils,
Ecoute ce dernier et salutaire avis:

Sans doute de tes droits la justice évidente
Attend de ta vengeance une preuve éclatante ;
Et Phinart, que déjà je voudrais voir vaincu,
A mérité son sort et n'a que trop vécu.
Mais avant de frapper, tu dois faire connaître
Ton ennemi cruel à Clotaire, ton maître ;
Obtenir, toi vassal, de ton haut suzerain,
Pour agir sûrement, un ordre souverain.
Va donc à ton seigneur rendre ton lige hommage
Parle lui de Phinart, fais-en l'horrible image,
Enfant ; dévoile-lui l'affreuse vérité ;
Dis les crimes sans nombre et la férocité
De ce monstre : Ton père égorgé par l'infâme,
Ta mère fugitive, et cette noble femme
Traquée au fond des bois, et livrée au pervers,
Les indignes tourments qu'elle endure en ses fers.
De tels faits établis, ta vengeance est loyale :
Approuvant aussitôt ta piété filiale,
Clotaire, qui déjà t'estime au fond du cœur,
Pour tes hardis exploits et ta jeune valeur,
Condamnera Phinart, et par la loi salique,
Prescrira le duel et l'épreuve publique.
Alors tu combattras, plein d'ardeur et de foi,
Sous la garde de Dieu, sous les yeux de ton roi.
Tu vaincras, car le Ciel est juste, et ta victoire
Rendra libre ta mère, immortelle ta gloire. »
Ainsi de ses conseils, de ses vœux, le vieillard
Pourvoyait avec soin Lydéric au départ.
Au défaut de son bras, sa royale largesse,
Bien mieux que ses trésors, lui donnait sa sagesse ;
Et cédant même enfin à ses regrets amers,
Débile, il le suivit jusqu'au chemin des mers.

XXV.

En ce temps là, c'était un grand nom sur la terre
Que celui des rois francs, et surtout de Clotaire.
Un sceptre pour hochet, un trône pour berceau,
Du pouvoir en naissant ayant déjà le sceau,
Clotaire avait grandi le front dans les orages,
De tous ses ennemis brisé les folles rages,
Et digne successeur de son puissant aïeul,
Régnait sur ses etats réunis en un seul ;
Grâce surtout au bras de fer de Frédégonde,
Femme en grandes vertus, comme en crimes féconde.
C'est vers lui que, suivi de nobles chevaliers,
Ses appuis dévoués, ses vivants boucliers,
Lydéric, attendu depuis longtemps d'avance,
Vient demander justice. Il paraît, il s'avance,
Et par le roi des Francs avec honneur reçu ,
Il voit se confirmer l'espoir qu'il a conçu ;
Tout concourt à ses vœux, tout semble lui sourire ;
Le Ciel évidemment daigne encore le conduire :
Il a pour lui des flots contenu les fureurs,
Et des rois sans pitié touché même les cœurs.

XXVI.

Clotaire, moins guerrier que profond politique ,
Exècre en un vassal le pouvoir despotique,
Et jaloux de ses droits jusqu'à la cruauté,
Prétend que tout se courbe à son autorite.

Aussi ne voit-il pas avec indifférence,
D'un projet qui le sert l'opportune occurrence ;
Et loin de s'opposer au belliqueux désir
Du jeune guerrier franc, il s'y prête à plaisir,
Et l'approuve aussitôt : « Une telle vengeance
N'est, dit-il, que trop juste et convient à l'offense.
Phinart est un félon, ou pour n'être pas tel ,
Il doit de son rival accepter le cartel,
Soutenir son épreuve et son duel en lice,   .
Et moi-même, suivi de ma noble milice,
De mes grands, de ma cour, me rendrai sur le lieu,
Pour être le témoin des jugements de Dieu :
Telle est ma volonté royale et souveraine.
J'ordonne sans appel, et que Phinart l'apprenne. »
Il dit, des courtisans le cercle adulateur
Écoute, en s'inclinant d'un signe approbateur.
Un docte de ce temps, qui sait de la parole
Fixer sur une peau le visible symbole ,
Écrit l'ordre ; et le roi, de son riche pommeau,
Applique sur l'édit le redoutable sceau.
A Phinart aussitôt l'ordonnance est portée.
Il en reste interdit.... mais elle est acceptée.
Le monstre, qui connaît ses crimes, ne veut pas
Se condamner d'abord par crainte du trépas :
Devant un ennemi, lui rester en arrière !
A-t-il perdu sa force et sa vertu guerrière?
Son courage est-il mort? Et n'est-il pas celui
Devant qui tout humain trembla jusqu'aujourd'hui?
Avec son cœur d'airain et ses membres d'Hercule,
Phinart sait provoquer, mais jamais ne recule;
De ceux qu'il a frappés aucun n'a survécu :
Son front ignore encore la honte du vaincu.

XXVII.

Au milieu des taillis qui servent de barrière,
Près du château du Buc s'étend une clairière,
Place d'arme cachée, immense et vert glacis,
Sur le sommet duquel le manoir est assis.
Or, c'est là que Phinart, sur un sable propice,
D'avance du combat fait préparer la lice,
Espérant que bientôt sans danger. sans effort,
Il y triomphera par le droit du plus fort.
Pour le roi, pour la cour, qui le verra combattre,
Il a fait élever un riche amphithéâtre,
Où le drap et la soie, étincelant de lys,
Se roulent en festons et tombent à longs plis.
Sous un dais pavoisé que la pourpre environne,
Se dresse au front du cirque un magnifique trône,
Qui, ruisselant d'argent et d'or de toutes parts,
Du feu de ses reflets éblouit les regards.
Flatteur adroit et fourbe, il veut au grand monarque
Donner de son respect une éclatante marque,
Et prodiguant pour lui ses trésors précieux,
Arriver à son cœur en fascinant ses yeux.
Tout est prêt et déjà le roi se fait attendre....
Soudain un vague bruit, que chacun croit entendre,
Du silence des bois s'élève... Aux environs
Retentissent bientôt le fifre, les clairons;
D'imposantes clameurs dans les airs se confondent;
De tous côtés troublés, les échos y répondent;
Les hôtes des forêts en sont frappés d'effroi,
Phinart même est ému; car c'est lui, c'est le roi !

XXVIII.

Le voilà sous les plis de sa blanche bannière ;
Il s'avance entouré de sa suite guerrière,
Le port noble , montant un superbe coursier ;
Il étincelle d'or, il resplendit d'acier.
Pardessus chaque épaule à l'épaisse carrure ,
Retombe en blonds anneaux sa longue chevelure ,
Ornement naturel de sa mâle beauté ,
La marque de son rang et de sa royauté.
Son bras n'est pas armé du sanglant cimeterre ,
Mais il tient à la main le sceptre héréditaire ,
Symbole vénéré de l'empire des lys ,
Que du droit de puissance a consacré Clovis.
Son front superbe porte un casque, qu'environne
Le cercle dentelé figurant la couronne ,
Et la peau d'un lion, ravie aux Visigots ,
S'agraffe à son épaule et flotte sur son dos.
A ses côtés s'avance, ainsi qu'un frère d'armes ,
Lydéric, éclatant de jeunesse et de charmes ,
Et dont le cœur, rempli d'un doux pressentiment ,
S'épanouit de joie en cet heureux moment.

XXIX

On arrive. Phinart inhabile à l'usage ,
Devant son suzerain s'essaye à rendre hommage.
Enfin chacun se range ; on hâte les apprêts .
Et bientôt au combat les champions sont prêts.

Quand la voix des hérauts, de mille cris troublée,
Eut imposé silence à l'immense assemblée,
Le monarque se lève, et d'un ton solennel,
Expose aux assistants la teneur du cartel.
Trois fois le clairon sonne : alors plein d'assurance,
Chacun des deux rivaux dans l'arène s'avance,
Le bouclier au bras et la francisque au flanc.
Lydéric est monté sur un destrier blanc,
Qu'il a dressé lui-même, et dont sa main puissante
Règle à peine la fougue et l'ardeur frémissante.
Les yeux brillants d'éclairs, le superbe animal
Appelle le combat et pressant un rival ;
Son pied impatient laboure la poussière ;
Il relève la tête, agite sa crinière ;
Le feu semble sortir de ses naseaux fumants.
Du côté de Phinart, de longs hennissements
Font retentir les airs ; son cheval dans l'arène
Impatient bondit, et secouant la rêne,
Se cabre, et n'obéit qu'aux vigoureux efforts
Du maître, qui le tient sous l'empire du mors.
Pesamment équipé, celui-ci par sa taille
Paraît tel qu'un géant armé pour la bataille.
Son corps bardé de fer a l'épaisseur du bloc ;
Ce n'est pas, à le voir, un homme, c'est un roc.
Masse énorme de chair, vivante forteresse,
Qui de courroux se meut ; alors qu'il se redresse
Et toise son rival, on dirait un taureau
Menaçant d'écraser un imprudent chevreau :
Tant son torse est empreint d'une force de brute ;
Tant il paraît terrible et taillé pour la lutte.
Toutefois Lydéric, plus vif et plus léger,
Sait, frappant sûrement, esquiver un danger.

Il semble un lionceau bondissant dans la lice ,
Un léopard qui joue , un serpent qui se glisse :
Éclair, il disparaît aussitôt qu'il a lui.
Plus prompt que n'est le trait qu'on dirige sur lui.

XXX.

Enfin le roi se lève, austère, la voix grave :
« Justice à l'innocent et victoire au plus brave !
Dit-il ; Dieu dans sa main tient la vie et la mort ;
Qu'il juge , et de vous deux qu'il décide le sort.
Allez... » Et Lydéric, d'un geste noble et digne ,
Se tourne vers le roi , fait le salut, se signe,
Et demande au Très-Haut , pour sa mère et pour lui,
La bénédiction et le suprême appui.
Phinart , qui l'a cru voir murmurer sa prière,
Lui jette le mépris et l'insulte grossière :
« Plus haut ! enfant, plus haut ! le Ciel n'entend pas.
Que viens-tu faire ici, si tu crains le trépas ?
— Craindre ! dit Lydéric, quand vingt ans dans son âme
On couve sa vengeance, et qu'on trouve l'infâme !...
Ah ! je bénis plutôt ce jour tant souhaité ,
Qui te livre à mes coups, monstre de cruauté ! »
Comme un tigre , Phinart que ce langage excite,
De fureur transporté , bondit , se précipite,
Et tente d'écraser dans l'élan son rival.
Mais lui l'a prevenu : détournant son cheval ,
Il le vise au passage et lui porte de taille
Un coup , qui dans l'armure ouvre une large entaille,
D'où le fer sort tâché du sang qui la rougit.
De rage et de douleur Phinart blessé rugit.

Furieux, il revient contre son adversaire ;
De coups portés en vain, il le presse, il le serre ;
A frapper sans atteindre il lasse sa vigueur ;
Et dans son impuissance, il grince de fureur.
Lydéric, à l'aspect de ce front qui ruisselle,
Pousse à son ennemi, le presse, le harcelle ;
En mille endroits le corps de Phinart est touché ;
Sa cuirasse est à jour, son glaive est ébréché ;
Sa monture haletante est couverte d'écume.
Enfin dans un transport que la colère allume,
De toute sa hauteur dressé sur l'étrier,
Elevant ses deux bras au-dessus du cimier,
Il fond sur son rival, fort du bond qui l'entraîne,
Frappe à faux, perd l'aplomb, et d'un bloc sur l'arène
Il tombe. Lydéric aussi prompt que l'éclair,
Dard volant droit au but, trait mortel qui fend l'air,
Saute, l'étreint au corps, y plonge son épée,
La retire fumante et d'un sang noir trempée.
Phinart sent en son cœur glisser la froide mort....
Il hurle en blasphémant, se débat sous l'effort ;
Des ongles et des dents mord la terre, se lève,
Retombe ... Et Lydéric de son glaive l'achève.
Puis de sa lourde hache, ainsi qu'un bûcheron,
Il sépare d'un coup le chef d'avec le tronc.
Le buste monstrueux s'agite, tremble, roule ;
Sur le sable à torrents le sang jaillit et coule ;
La tête convulsive ouvre et ferme les yeux,
Et morte, garde encor son air audacieux....

XXXI.

Aussitôt dans les airs mille cris retentissent ;
Des mains et de la voix tous les rangs applaudissent :
« Gloire, s'écriait-on, gloire au jeune vainqueur ! »
Mais lui, n'obéissant qu'à l'élan de son cœur,
En proie à d'autres soins qu'une gloire éphémère,
Lydéric répondait : « A ma mère ! à ma mère !.... »
Il s'élance ; à l'instant on l'entoure, on le suit.
La troupe de Phinart, qui de tous côtés fuit,
S'échappe du château, dans les bois se disperse ;
Pour se faire un passage, il ont baissé la herse.
Lydéric y pénètre ; il cherche aux alentours,
Trouve des souterrains, en sonde les détours,
Brûlant de délivrer sa mère qu'il appelle ;
Quand un cri lui répond des profondeurs : c'est elle !
Elle !... Et les coups de hâche et le choc des marteaux
Font sauter les verroux, ébranlent les poteaux.
Sous l'effort vigoureux des leviers dont on s'aide,
Enfin avec fracas la porte de fer cède....
Il entre, et dans un coin il découvre, ô bonheur !
Sa mère qu'il embrasse et serre sur son cœur.
A cet aspect soudain, la noble et sainte femme
Sent tout son corps trembler des transports de son âme :
C'est son fils, son amour, c'est la réalité
Du rêve des vingt ans de sa captivité !....
Son cœur est abîmé d'un excès de tendresse....
Pauvre mère ! elle meurt de bonheur et d'ivresse !!!
Mais ce n'est qu'un moment de fugitif effroi.
Par les soins de son fils, par ceux même du roi,

Elle rouvre bientôt ses yeux à la lumière,
Revoit sa liberté, se prosterne en prière,
Et bénit mille fois le roi, son fils et Dieu
De l'avoir arrachée à cet horrible lieu !
« Courageux Lydéric, noble enfant, dit Clotaire,
Vous que le Ciel protége et qu'admire la terre,
Pour prix de votre gloire et de votre vertu,
Du monstre qu'à vos pieds vous avez abattu,
Possédez les trésors et les riches domaines.
Que l'équité succède à ses lois inhumaines.
Moi, grand maître des Francs, tout-puissant suzerain,
Du pays de la Lys je vous fais souverain.
Appui de votre roi, soutien sur qui je compte,
Je vous nomme à ce prix seigneur et noble comte ;
Titre et biens qu'a jamais vos futurs héritiers,
Par le droit des aînés, conserveront entiers.
De ces riches alleux soyez la Providence ;
Que l'horreur du désert s'y change en abondance.
Rassemblez des soldats, que bientôt ils soient prêts
Des larrons de Phinart à purger ces forêts.
Qu'ici, par vous enfin tout fleurisse et prospère :
Où régnait un tyran que l'on bénisse un père. »

XXXII.

Or, Lydéric, toujours humain et généreux,
Mit son bonheur à voir tous ses sujets heureux.
Souvent il visita la sainte solitude,
Où le vieillard vivait de prière et d'étude ;
Jamais il ne fut sourd à ses enseignements ;
Sur ses conseils dicta de sages règlements.

Autour du vieux manoir, ruche où l'essaim fourmille,
Des ahrimans actifs se groupa la famille ;
Ils vécurent en paix, et leur prospérité
Prépara le berceau d'une grande cité.

XXXIII.

Le deuil règne aujourd'hui dans la sainte demeure ;
Sombre et silencieux, Lydéric veille et pleure,
Soulevant tristement son humide regard
Sur le visage éteint de l'auguste vieillard.
Nuit d'angoisse !... C'est l'heure affreuse et solennelle
Des suprêmes adieux ! Pour la vie éternelle
Une âme mûre enfin, va quitter ce bas-lieu,
Et s'aller reposer dans le sein de son Dieu.
Beau jour pour le mourant, que soutient l'espérance,
Qui voit s'ouvrir le ciel et finir sa souffrance ;
Mais terrible à qui reste, et qui sent dans son cœur
Se briser tout lien, s'éteindre tout bonheur !
L'instant fatal approche.... Il est là sur sa couche,
Pâle, inerte, et déjà l'on dirait que sa bouche
A le sceau de la mort. Parfois pourtant ses yeux,
Se soulevant encor, se tournent vers les cieux.
De son sein oppressé le souffle qui s'exhale
Semble, du fond du cœur, parler par intervalle,
Et ses deux bras glacés, croisés avec ferveur,
Se crispent, en serrant l'image du Sauveur.
Sans doute que déjà, dépouillé de ses fanges,
Le mourant voit le ciel et cause avec les anges ;
Ou que, dans la prière et le recueillement,
Il prépare son âme au prochain jugement.

Cependant tout-à-coup, comme sortant d'un rêve,
Le vieillard se ranime, il s'agite, il se lève
Debout sur son séant. ainsi que du cercueil
Un mort se dresserait.... Il regarde, son œil
Semble darder des feux, son visage rayonne ;
D'un nimbe étincelant son front blanc se couronne ;
Ses bras sont étendus, ainsi que pour bénir ;
Sa voix éclate enfin : « L'avenir ! l'avenir !...
Je le vois devant moi, brillant, profond, immense ;
Dix siècles succédant au siècle qui commence ;
Des gloires, des grandeurs, mille prospérités,
Des remparts, des palais, des temples, des cités :
Une surtout ici, Lille, Lille, leur reine ;
De la Gaule du Nord maîtresse souveraine ;
Je la vois s'élever à mes pieds et grandir ;
De créneaux flamboyants je la vois resplendir ;
La foudre est en ses mains, l'ennemi l'environne ;
Du fer du feu partout.... L'air s'émeut, Lille tonne....
Je ne vois plus que sang et morts de tous côtés,
Que hordes d'étrangers fuyant épouvantés !...
Quel courage guerrier ! quelle vertu ! quels hommes !
Quel sol prédestiné que le sol où nous sommes !
Lydéric, mon enfant, à genoux, à genoux,
Bénis le Tout-Puissant de ses bontés pour nous !... »
Il se tait.... Mais bientôt, comme si sa paupière
Avait, en refermant, retrouvé la lumière :
« Mon doux Delsaulx tarit ; nos antiques forêts
Tombent, tombent ; le fer se promène aux guérets ;
Devant lui l'Océan recule ses rivages ;
Le désert cède au soc ses régions sauvages ;
Et la Deûle timide et veuve de roseaux,
S'épouvante des nefs qui sillonnent ses eaux.

Quels flots d'huile, de lait et que de granges pleines !...
Qui donc recueillera le trésor de ces plaines ?...
Un essaim, mille essaims d'hommes, de travailleurs....
Champs, voici vos colons ; moissons, vos moissonneurs ;
Cité tes artisans, innombrable famille,
Qui, tout à toi de cœur, court, s'agite, fourmille.
De son activité redoublant les efforts,
Elle entasse en ton sein trésors sur trésors,
L'essaim grandit, grandit, la ruche est trop féconde,
De ses propres enfants le nombre surabonde :
Lille, élargis tes flancs, recule tes remparts,
Enserre dans tes murs les champs de toutes parts,
Laisse la plaine entrer par la brèche béante,
Et d'un peuple géant sois la ville géante.
Et toi, Seigneur, et toi, bénis-les tes enfants ;
Vois tes temples debout, tes autels trionphants,
Ton symbole planant sur tous leurs édifices ;
Partout l'hymne, l'encens, les chants, les sacrifices.
Ton règne est arrivé, ta loi prospère ici....
J'ai vu, je meurs content ; merci, mon Dieu, merci !... »
Il dit, à cet effort la nature succombe ;
Doucement il s'incline et sur sa couche tombe....
Lydéric vole à lui plein d'un zèle pieux....
Le saint avait vécu !... La voix parlait aux cieux.

Lille Imp. L. Danel.

www.ingramcontent.com/pod-product-compliance
Lightning Source LLC
LaVergne TN
LVHW022034080426

835513LV00009B/1041